AF224332

L'EMPIRE

ET

LA LIBERTÉ

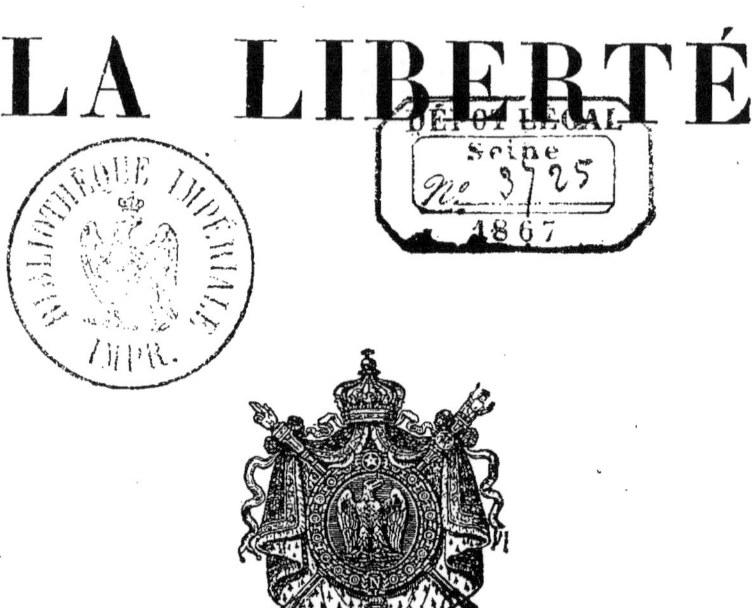

PARIS

TYPOGRAPHIE DE AD. LAINÉ ET J. HAVARD

RUE DES SAINTS-PÈRES, 19.

—

1867

L'EMPIRE

ET

LA LIBERTÉ

La vie du corps social, comme celle du corps humain, repose sur la dualité et l'union de deux principes : le pouvoir centralisé, que nous appelons l'État ou le Gouvernement, et le pouvoir individuel, plus connu sous le nom de liberté.

De la combinaison heureuse et de la bonne intelligence de ces pouvoirs viennent la force et la prospérité des nations.

Au-dessus des variations accidentelles que les inclinations diverses des races, les événements, les circonstances et les temps peuvent amener dans cette combinaison, se distinguent nettement deux systèmes principaux, deux conceptions opposées qui exercent une influence décisive.

L'une, la conception ancienne, tend à la confusion des deux pouvoirs et mène à l'absorption plus ou moins complète de l'un des deux. L'autre, la conception moderne, tend à la séparation effective, tout en maintenant l'union affective, et leur assure ainsi le développement et la stabilité. D'un côté, c'est la lutte et l'oppression; de l'autre, c'est la paix et l'équilibre.

Dans les temps rapprochés de la barbarie, tout est excessif, l'indépendance comme la soumission; le pouvoir individuel et le pouvoir collectif inclinent également à la tyrannie. Il ne faut donc pas demander aux civilisations anciennes les justes notions de l'ordre social.

Les monocraties primitives de l'Asie et de l'Égypte nous offrent l'exemple du despotisme à un seul. Plus tard, les démocraties grecques nous montrent le despotisme en commun. Sans l'admirable culture intellectuelle des Grecs, qui adoucit leurs mœurs, le résultat pratique eût été à peu près le même. Des deux parts il y avait absorption du pouvoir individuel au profit du pouvoir social, ou de l'État; seulement l'État n'avait qu'une tête, ou bien il avait plusieurs milliers de têtes.

Peu importe que le pouvoir social soit remis aux mains de tous si ce pouvoir est exagéré; il n'en pèse pas moins d'un poids tyrannique sur la tête de chacun. On a dit avec raison que le sort des maîtres n'était guère meilleur à Sparte que celui des esclaves, et il ne faisait pas bon à Athènes être un grand citoyen.

Les Grecs sont les fondateurs de l'hérésie politique, encore vivante, qui confond la liberté avec la souveraineté. C'est dans les ruines précoces des républiques de la Grèce que nous l'avons recueillie comme un antique revêtu d'une patine brillante. Rome en a aussi professé le culte et, à son tour, s'en est mal trouvée.

La grandeur de la république romaine comportait

des éléments moins simples que ceux des petits groupes politiques de la Grèce. Nous voyons à Rome l'aristocratie, le peuple et une classe intermédiaire qui ressemble fort à la bourgeoisie, puisqu'elle s'occupe de négoce et qu'elle est fondée sur la richesse, mais qu'il faut cependant, à considérer son effacement politique, tenir plutôt pour une aristocratie de seconde main.

La pondération des forces, qui ne tarda guère à s'établir entre l'influence populaire et l'influence aristocratique, aurait fondé la liberté romaine sans la conséquence fatale du principe qui perpétuait la confusion de la liberté et de la souveraineté. De ce principe sont sortis tous les déchirements, toutes les défaillances de la république à son déclin, et son abaissement définitif sous le despotisme.

Le temps des grandes luttes politiques et le temps où l'aristocratie, avec les Scipions, a jeté son plus brillant éclat ont été les temps glorieux de Rome. Dès que la victoire du peuple est devenue complète, la décadence a commencé. C'est que, durant l'antagonisme intérieur, l'aristocratie jouait le rôle du pouvoir central, et le peuple représentait le pouvoir individuel se repliant sur lui-même pour se défendre. Le jour où ce pouvoir s'est trouvé seul sur le champ de bataille, il a eu tous les vertiges et toutes les faiblesses de la tyrannie collective, c'est-à-dire de la tyrannie qui est au service des idoles populaires. De ce moment, Rome, avec ses théories politiques, n'avait plus que le choix des despotismes; elle fit acte de préservation et de sagesse en optant pour le despotisme d'un seul.

Les barbares qui ont fondé les sociétés modernes

n'avaient, quoi qu'on ait dit, et ne pouvaient avoir
d'autres instincts politiques que ceux de leurs ancê-
tres d'Orient, fondateurs des premiers empires. Pour
eux, la liberté se confondait avec l'autocratie individuelle, et leur idéal était à peu près celui que réalisa
la féodalité.

Cette unification de l'Europe sous le régime féodal,
qui a duré de l'an mil à la fin du quatorzième siècle,
est le plus grand fait de l'histoire moderne, et il
restait inexpliqué.

Les pays comme le nôtre, où la royauté absolue a
recueilli l'héritage de la féodalité, se sont trouvés dans
de fort mauvaises conditions pour faire leur éduca-
tion politique ; ils n'avaient à leur disposition que les
exemples et les théories de l'antiquité. Aussi la révo-
lution française nous a-t-elle montré les idées grecques et romaines maîtresses des esprits et du sort de
la nation. Combinées avec les fureurs de la lutte, ces
idées décrétèrent la Terreur, comme elles avaient or-
donné les proscriptions à Rome. Elles consacraient
non l'avénement des classes nouvelles à la liberté,
mais leur avénement à la souveraineté ; non l'indépendance du pouvoir individuel, mais au contraire
son sacrifice à une tyrannie soupçonneuse et altérée
de vengeance. On a dit que les proscriptions de la
Terreur, comme les proscriptions de Rome, étaient une
mesure politique ; mais le tiers état a fourni plus de
victimes que la noblesse, et tout ce qu'il y avait d'é-
minent dans le parti populaire a été impitoyablement
sacrifié.

Et voyez comme des idées semblables engendrent

des faits pareils. La théorie qui confond la liberté avec la souveraineté, le pouvoir individuel avec le pouvoir social, n'a laissé à la France, comme à Rome, d'autre salut que le pouvoir d'un seul. Quand la liberté s'est ainsi corrompue et empoisonnée par la débauche du pouvoir politique, force est bien de la mettre en quarantaine; l'instinct de la conservation l'exige, et le sens intime des nations ne s'y trompe point.

Si l'on veut, en effet, confondre le pouvoir individuel avec le pouvoir collectif, ou, en termes plus simples, la liberté avec la souveraineté, on arrive fatalement à l'un de ces deux résultats : le despotisme ou l'anarchie, et souvent à tous les deux à la fois.

Liberté et souveraineté sont deux termes qui se contredisent et deux choses qui s'excluent. Où commence le pouvoir individuel, là finit le pouvoir collectif; où s'exerce le pouvoir collectif, là disparaît le pouvoir individuel.

Il est vraiment regrettable que parmi nos intelligences politiques qui se croient les mieux nourries, un très-grand nombre en soit resté encore à l'allaitement de l'antiquité classique; de ces intelligences on peut dire qu'elles sentent encore le lait de leur nourrice. Pour elles, les enseignements élémentaires de la science sociale n'ont point porté leurs fruits.

Nous pouvons bien exercer ce que nous appelons le pouvoir politique, c'est-à-dire le pouvoir collectif; mais comprenons enfin qu'en l'exerçant nous ne faisons pas de la liberté. Qui dit pouvoir politique dit pouvoir sur autrui; or le pouvoir sur autrui, c'est le contraire de la liberté. Peu importe que ce pouvoir soit exercé par la communauté ou par une fraction de la communauté, c'est toujours de la contrainte.

Le pouvoir individuel ne peut faire du pouvoir politique qu'il ne se mette lui-même en grand péril. Il ne nous est pas permis, sous peine d'arbitraire et de privilége, de commander les autres sans leur donner le droit de nous commander. C'est un droit fort dangereux et qu'on ne doit accorder qu'avec une confiance entière dans la sagesse d'autrui.

L'évidence même veut donc que notre premier et plus grand intérêt soit de constituer d'abord solidement le pouvoir individuel, de l'établir sur la base la plus large et la plus ferme, de le garantir contre tous les risques auxquels peut l'exposer notre imprudence.

Pour cela il est nécessaire de redresser beaucoup de nos habitudes et presque toutes nos inclinations.

Nous dédaignons le pouvoir individuel, qui est le pouvoir de constituer, d'agrandir et de perfectionner notre personnalité, pouvoir sur lequel reposent toute l'activité, toute la valeur et toute la dignité de l'homme; et nous recherchons avec avidité le pouvoir politique, c'est-à-dire le pouvoir sur autrui, qui est le signe de la faiblesse et la mesure de l'imperfection humaine.

Nos maîtres en politique nous ont élevé dans cette erreur singulière: que le progrès des individus et des nations doit s'estimer à leur participation au pouvoir public; de sorte que plus on ferait de l'autorité, plus on serait libre et plus on serait civilisé.

Parce qu'ils ont vu dans l'histoire que des peuples

très-intelligents et très-perfectionnés sous beaucoup de rapports ont été constamment passionnés pour le pouvoir public, ils en ont conclu que leur perfectionnement et leurs qualités avaient leur origine dans cette passion même. Il faut avouer que ces peuples ont partagé cette erreur, ou, ce qui est plus vrai, ont employé leur génie à célébrer l'objet de leur passion.

On comprend cette illusion et cette ivresse dans la jeunesse des civilisations, mais on ne la comprend plus dans un âge mûri par l'expérience et la philosophie. Le plus simple examen montre que les défauts des Grecs et des Romains tenaient précisément à leur erreur politique, et que leurs qualités ont été constamment employées à en combattre les conséquences fatales; ou, si mieux vous aimez, que leurs défauts ont engendré le système, et que leurs qualités l'ont revêtu d'un éclat trompeur de gloire et de prospérité. Toutes les injustices, tous les excès, toutes les oppressions révoltantes dont les individus et des classes entières ont chez eux porté le poids, s'expliquent par l'abus du pouvoir public; et quand leurs qualités brillantes et leurs sentiments généreux ont été usés dans des luttes impuissantes, ils sont tombés sous la conquête ou sous le despotisme.

Non, l'exercice du pouvoir politique ne forme point à la liberté; c'est la liberté seule qui peut apprendre la sagesse et la modération dans l'usage du pouvoir politique. Il faut donc que la liberté préexiste à cet usage.

Il faut que le pouvoir individuel ait conscience de lui-même, de sa force et de sa dignité, pour qu'il puisse faire sans danger du pouvoir politique. Et le premier signe de sa force, l'expression même de sa virilité sera l'empire sur lui-même et la prudence qu'il montrera en évitant de se compromettre par la main mise dans le pouvoir coercitif.

Ce n'est pas l'usage du pouvoir politique, c'est le commerce, c'est l'industrie, c'est la richesse des individus, des corporations et des villes qui ont fondé la liberté en Angleterre. C'est parce que le peuple anglais nous a précédés de plus d'un siècle dans l'activité et la prospérité commerciales que ce peuple nous a précédés de plus d'un siècle dans le respect du pouvoir individuel. Pour qu'on le respectât, il fallait qu'il fût fondé. C'est l'aisance générale et le mouvement d'idées enfanté par elle qui, du commencement du seizième siècle à la fin du dix-septième, ont créé et développé ce pouvoir.

L'appauvrissement de la nation sous Louis XIII et sous Louis XIV, bien plus que le pouvoir absolu de ce dernier, a retardé en France l'éclosion libérale. Le progrès matériel de la bourgeoisie et le progrès intellectuel qui l'accompagna durant le dix-huitième siècle pouvaient seuls amener le développement et le respect de l'autonomie individuelle.

Les droits politiques ne constituent pas la liberté si d'avance cette liberté n'est ni dans le cœur ni dans l'esprit de ceux qui les exercent. Ils sont plutôt un véritable danger pour la liberté, car ils habituent au commandement et au pouvoir sur autrui, ce qui est le contraire de la liberté. On a beau dire que ces droits sont de simples armes défensives; en réalité, ils sont toujours entre nos mains des armes offensives contre la minorité, et par le fait contre la liberté et contre nous-mêmes. Car violenter ici ou là le pouvoir individuel, c'est l'amoindrir et le mettre en péril pour tous.

Il n'y a de garantie pour la liberté que dans la séparation effective du pouvoir individuel et du pouvoir centralisé. Chacun doit avoir ses limites précises et n'entrer l'un chez l'autre que le moins possible; surtout il importe que nous ayons une idée bien nette de nos fonctions, et que nous nous gardions de croire que nous faisons de la liberté quand nous faisons du pouvoir collectif. Nous sortons alors du pouvoir individuel et nous sortons de la liberté pour exercer une puissance pleine de déceptions et de périls. La liberté peut être le but, mais elle n'est pas l'essence de notre acte; si elle y perd ou si elle y gagne, c'est notre sagesse seule qui en décide. On voit qu'il n'est pas indifférent de prendre le moyen pour le but, et l'instrument pour le bien qu'il doit opérer.

Le pouvoir individuel, le droit de développer nos facultés et de les appliquer au mieux de nos aptitudes, de constituer et d'ennoblir notre personnalité, d'étendre la liberté de nos actes jusqu'à la limite de la liberté d'autrui, ce pouvoir est notre bien propre, notre valeur, notre dignité, c'est le patrimoine de chacun. Mais le pouvoir sur autrui, le pouvoir politique, nous ne le trouvons pas dans notre berceau, il ne nous appartient en aucune façon, et rien ne nous autorise à le prendre. C'est donc un privilége complétement étranger au pouvoir individuel et qu'il faut soigneusement en séparer. Bien qu'il soit établi dans l'intérêt de la liberté, il n'en est pas moins la limitation, et, comme tel, le contraire de la liberté.

Qu'il soit exercé par nous, qu'il soit exercé par le chef de l'État, il ne peut changer de caractère, son essence est la même; c'est son usage seul qu'il faut considérer.

Si les partis divers qui nous demandent de leur confier le soin de notre liberté sont plus autoritaires que le gouvernement sous lequel nous vivons, s'ils professent ouvertement la doctrine que tout est permis au pouvoir politique pourvu que ce pouvoir soit entre leurs mains, que gagnerions-nous en nous livrant à eux? Nous serions à peu près dans la situation de gens qui se verraient exposés à être détroussés par des gendarmes, par de pseudo-gendarmes, bien entendu; il importe donc de signaler le déguisement. Si quelqu'un vous dit que vous pouvez être libres autrement qu'en vous abstenant de faire de l'autorité, ne le croyez pas, c'est un voleur. Il vous engage à livrer le seul bien que vous ayez intérêt à défendre et que l'on ait intérêt à prendre, votre autonomie individuelle.

Ce n'est pas sans raison qu'on place au premier rang des progrès politiques modernes la conception d'où dérive le principe de la séparation des pouvoirs; mais cette conception ne sera complète que lorsqu'elle s'appliquera à la séparation du pouvoir individuel et du pouvoir collectif, ou, si l'on veut, de la liberté et de l'autorité.

Malheureusement, loin d'avoir favorisé ce mouvement intellectuel, l'usage du gouvernement parlementaire l'a compromis et retardé. La théorie comme la pratique montrent que ce gouvernement offre le grave danger d'habituer de plus en plus les esprits à la confusion de la liberté et de l'autorité, et qu'il prépare ainsi les voies à la république autoritaire, le pire de tous les despotismes.

Dans la constitution anglaise, il y a le droit écrit et le droit coutumier; l'influence de celui-ci modère l'influence de celui-là. Mais la pente existe, et le mouvement est irrésistible ; à mesure que s'use le frein, on approche de l'écueil.

Les Anglo-Américains en sont tout près. Ils n'avaient pour se préserver que les traditions politiques des premiers colons, ces traditions s'effacent. Un seul espoir de salut leur reste, c'est la sagesse de l'esprit public. Comprendront-ils la nécessité suprême de sauver le pouvoir individuel, qui va disparaître dans la souveraineté sociale, et de raffermir les barrières qui doivent les séparer?

Le sphinx est à leurs portes ; suivant la réponse qu'ils donneront au problème, vaincus ou triomphants, ils seront pour le monde le plus mémorable et le plus instructif exemple.

Voici le dilemme auquel nous ne saurions échapper : Ou sacrifier la liberté, comme les républicains autoritaires anciens et modernes, et être esclaves dans la vie privée pour commander dans la vie publique : *Omnia serviliter pro dominatione ;* ou renoncer à cette passion de l'autorité et du commandement pour acquérir l'indépendance et être rois dans la vie privée.

Le choix ne peut être douteux. Nous ne sommes

ni des Athéniens oisifs, ni des Romains besogneux, vivant sur le *Forum* ou vivant du *Forum*. Nous sommes une nation de travailleurs actifs, rangés, honorables, fiers de nos succès en tout genre et de notre dévouement au progrès. Nous avons besoin de sécurité, et nous nous montrons économes de nos loisirs. Nous ne sommes pas moins patriotes que les anciens, et nous avons une idée plus juste de la grandeur et de l'indépendance nationale.

Notre gouvernement sera donc un gouvernement aussi libre et aussi énergique dans son action que nous voulons l'être dans la nôtre. Nous lui confions le soin de notre tranquillité à l'intérieur et de notre dignité à l'extérieur : l'une et l'autre doivent être à l'abri de toute atteinte.

Que deviennent les éternelles disputes sur la nature et la forme du pouvoir social ?

Si nous sommes gouvernés par des assemblées nombreuses, téméraires et irresponsables ; par un roi, par des chambres et des conseils à tous les degrés ; par des avocats de village et de tribune ; par la presse, par le premier pamphlétaire venu , est-ce que nous en serons moins gouvernés ? Si nous nous donnons nous-mêmes des maîtres dans la commune, le canton, le département et l'État, et que nous leur laissons toute licence, en serons-nous plus libres ?

La liberté a encore moins à gagner à l'affaiblissement du pouvoir social qu'à sa division. Pour qu'elle soit maîtresse chez elle, dans le champ d'action qui lui appartient, il faut que l'État soit puissant et respecté.

L'expérience nous enseigne qu'en nous obstinant à unir malgré eux le pouvoir politique et la liberté, nous perpétuons un mauvais ménage. Respectons leur indépendance et leur autonomie, ils deviendront des alliés dévoués et sincères.

Pourquoi faut-il que, malgré l'opposition si absolue des mots et des choses, nous en soyons encore à faire comprendre que la liberté et l'autorité ne peuvent être confondues sans se détruire mutuellement? Mais il reste encore beaucoup de l'erreur ancienne dans les esprits, autrement les partis n'auraient ni l'idée ni la chance d'escalader le pouvoir politique au moyen de la liberté.

Et les garanties, dira-t-on? Ne devons-nous pas avoir la main dans le pouvoir pour être sûrs qu'il respectera la liberté?

Quelle assurance pouvez-vous donner que vous la respecterez vous-mêmes? Ce procédé, qui a eu pour lui l'engouement moderne, est tout simplement renouvelé des Grecs et doit inspirer fort peu de confiance.

Une seule garantie est efficace, c'est la distinction claire et précise du domaine de l'autorité et du domaine de la liberté. Tant qu'il y aura confusion entre eux, de quelque côté que viennent les usurpations, c'est toujours la liberté qui en souffrira.

X. DE QUIRIELLE.